तुकबन्दी
भावनाओं का कुनबा

राजीव त्यागी

Copyright © Rajiv Tyagi
All Rights Reserved.

ISBN 978-1-64805-039-8

This book has been published with all efforts taken to make the material error-free after the consent of the author. However, the author and the publisher do not assume and hereby disclaim any liability to any party for any loss, damage, or disruption caused by errors or omissions, whether such errors or omissions result from negligence, accident, or any other cause.

While every effort has been made to avoid any mistake or omission, this publication is being sold on the condition and understanding that neither the author nor the publishers or printers would be liable in any manner to any person by reason of any mistake or omission in this publication or for any action taken or omitted to be taken or advice rendered or accepted on the basis of this work. For any defect in printing or binding the publishers will be liable only to replace the defective copy by another copy of this work then available.

आभार

जिन्होंने मुझे तथा मेरी भावनाओं को

प्रेरित एवं प्रभावित किया,

उन सभी को सादर स्नेहिल समर्पित !

क्रम-सूची

प्रस्तावना	ix
भूमिका	xi
1. "प्रातः वंदन"	1
2. "प्रकृति की धुन"	2
3. "दीप उजियारे"	3
4. "कफ़न"	4
5. "विदाई"	5
6. "मन की बात"	7
7. "श्रद्धा के फूल"	8
8. "जिन्दाबाद"	9
9. "सम्मान"	10
10. "वीर अमर बलिदानी"	12
11. "आहुति"	13
12. "स्वतंत्रता की वेदी"	14
13. "मेरा दूर भरम कर दो"	15
14. "माँ पुनः अवतार लो"	17
15. "बाँसुरी"	18
16. "राम राम रटते रटते"	19
17. "मुसाफ़िर खाना"	21
18. "दीदार साँवरे का"	22
19. "जपता रहूँ कन्हैया"	24
20. "स्वागत मेरे राम"	26

क्रम-सूची

21.	"हृदय में श्री राम"	28
22.	"ठिठोरी"	30
23.	"कण कण में भगवान"	32
24.	"बैकुण्ठ"	33
25.	"अम्मा"	35
26.	"माँ का आँचल"	36
27.	"आँचल की छाँव"	37
28.	"जन्नत"	38
29.	"माँ"	40
30.	"बेटे"	41
31.	"प्यारी बहन"	42
32.	"रिश्ते"	44
33.	"अमरबेल"	45
34.	"यादों वाले समंदर"	46
35.	"गीत मोहब्बत का"	47
36.	"तुम"	48
37.	"हवाओं से कह दो"	49
38.	"होली"	50
39.	"शुभ दीपावली"	52
40.	"बाल दिवस"	53
41.	"करवा चौथ"	54
42.	"रक्षाबंधन"	56

क्रम-सूची

43. "फितरत"	57
44. "दानव दुनिया"	58
45. "हिसाब"	59
46. "मुस्कुराहटें"	60
47. "मैं"	61
48. "फुरसत"	62
49. "जिन्दगी"	63
50. "पाप पुण्य"	65
51. "मैं जो राम नहीं --"	66
52. "राम नाम सत्य"	67
53. "रिवायतें"	68
54. "खुदा के बन्दे"	70
55. "गुमान"	71
56. "शिकवा"	72
57. "आस्तीन का साँप"	73
58. "मंजर"	75
59. "2 जून की रोटी"	76
60. "बेबसी"	77
61. "जुगनु"	79
62. "पूर्णता का अहसास"	80
63. "कमली"	81
64. "मन का डर"	82

क्रम-सूची

65. "उदासी"	83
66. "काल की हुँकार"	84
67. "वीरां"	85
68. "चार दिन"	86
69. "तुस्सी बचपन नहीं वेख्या - 1"	88
70. "संरक्षण"	90
71. "संस्कार"	91
72. "छूना है आसमां"	92
73. "कोशिश तो कर"	94
74. "संग्राम पथ"	96
75. "सरकारी बाबू"	97
76. "ईमानदारी"	98
77. "पासा पलट गया"	99
78. "दहेज़"	101
79. "अनोखी किस्मत"	102
80. "अँधा बाँटे रेवड़ी"	104
81. "काठ की हाँडी"	106

प्रस्तावना

पाठक वृंद !

भावों भरे कविताई कुनबे में आपका दिल से स्वागत है !
मन को छूने में सक्षम मेरी कवितायें आपको निश्चय ही
पसन्द आएंगी!

भावनाओं को कलमबद्ध करना मेरा profession (व्यवसाय)
नहीं, वरन मेरा Passion (शौक) है !

यदि यह profession नहीं है तो निश्चय ही इसके द्वारा
किसी भी (Royalty) रूप में कमाई का मेरा उद्देश्य नहीं
होना चाहिये -- सो है भी नहीं है - ऐसा मैं आपको विश्वास
दिलाता हूँ !

पुस्तक के एवज में जो भी लाभांश आदि मुझे जब जब भी
प्राप्त होगा उसे सैनिक कल्याण सम्बन्धी संस्था को समर्पित
करता रहूँगा !

मेरी इस मुहिम में आप भागीदार बने हैं - पुनश्च आपका
स्वागत है - दिल से आभार है !

जितना अधिक से अधिक आप हम सभी इस मुहिम से जुड़ेंगे
- उतना अधिक अंश सैनिकों के कल्याणार्थ जुटा पाएंगें !
- इसलिए आपसे सादर स्नेही अनुनय है मेरा कृपया
इस पुस्तक के रूप में मेरी भावनाओं को अधिक से
अधिक दिलों तक पहुँचाने में मेरा सहयोग कीजिये,
अधिक से अधिक जनों को इस मुहिम से जोड़िये !
आपका महत्वपूर्ण योगदान मुझे अनवरत कृतार्थ
करता रहे, ऐसी मेरी हार्दिक इच्छा एवं
आपसे प्रार्थना है !

प्रस्तावना

सलाह मशवरा, प्रशंसा, टिप्पणी एवम यहाँ तक की आलोचना करने हेतू आप मुझसे
फेसबुक - https://www.facebook.com/rajiv.tyagi.9655
तथा व्हाट्सएप (8285246192) एवं
ई-मेल - ifamecreative@rediffmail.com
पर भी जुड़ सकते हैं !
पुनः हृदय से आभार, कृपया इस नेक मुहिम में
अधिक से अधिक व्यक्तियों को जोड़ते रहियेगा !

आपका अपना
राजीव त्यागी

भूमिका

कहीं की ईंट कहीं का रोड़ा -
भानुमती ने कुनबा जोड़ा ,
की तर्ज़ पर जोड़ा गया है -
अहसासों,भावों तथा संवेदनाओं
का कुनबा "तुकबन्दी" !

1. "प्रातः वंदन"

रात अलसाई बीत गई ,
आ गई सुबह की अरुणाई !
नैनों के पट खोलो -
देखो -- मौसम पे भी छाई है तरुणाई !
ताजगी सुफुर्ती खुशी और मस्ती ,
जीवन में अंगीकार करो !
इस खूबसूरत प्रातः की शुभ बेला में ,
प्रणाम मेरा स्वीकार करो !

2. "प्रकृति की धुन"

देख फूलों को मुस्कुराते
पंछियों का कलरव सुन !
मंद मंद शीतल हवा में
प्रकृति के संगीत की धुन !
बाहें पसारे खड़ी है उषा
स्वागत को तुम्हारे आतुर !
निशा का छोड़ दामन
नई उमंगें नई बहारें चुन !
देख फूलों को मुस्कुराते
पंछियों का कलरव सुन !
मंद मंद शीतल हवा में
प्रकृति के संगीत की धुन !

3. "दीप उजियारे"

काली कलूषा रात जायेगी ,
दुखियारी सारी बात जायेगी !
जगमगाएंगे फिर से दीप उजियारे !
तेरे मन के भी मेरे मन के भी ,
मिटेंगे अब सब अँधियारे !
खुशियों वाली फिर सौगात आयेगी ,
दुखियारी सारी बात जायेगी !
काली कलूषा रात जायेगी !!
खुशियों वाली सौगात आयेगी !

4. "कफ़न"

जो सो गए हैं कफ़न तिरंगे का ओढ़कर !
चले गए हैं इस जहाँ से जो मुँह मोड़ कर !
सरपरस्ती वतन की जिनके हाथों में थी -
है नमन उनको हमारा दोनों हाथ जोड़कर !
जो सो गए हैं कफ़न तिरंगे का ओढ़कर !
उजड़ा उजड़ा है चमन सब यहाँ विरान है ,
फूल टूटे हैं - कूचा कूचा सब शमशान है !
सूनी पत्थरीली आँखों में होंगें अब सपने कहाँ ?
चला गया है कोई अपना उन्हें छोड़कर !
है नमन उनको हमारा दोनों हाथ जोड़कर !
जो सो गए हैं कफ़न तिरंगे का ओढ़कर !!

5. "विदाई"

चलो करो तैयारी ,
सेज सजा लो हमारी !
हम तो विदा अब होते हैं !
शहीदों की मौत पे कहाँ ?
शहीदों की मौत पे कहाँ ?
कोई रोते हैं ,
हम तो विदा अब होते हैं !
संभालो वतन को ,
वतन के सम्मान को !
पाया है जिसे ,
हमने देके अपने प्राण को !
अब है यह
जिम्मेदारी तुम्हारी ,
चलो करो तैयारी ,
हम तो विदा अब होते हैं !
शहीदों की मौत पे कहाँ ?
शहीदों की मौत पे कहाँ ?
कोई रोते हैं !
चलो करो तैयारी ,
हम तो विदा अब होते है !
मरना तो एक दिन ,
होगा सबको यहाँ !

तुकबन्दी

मौत तो एक रोज ,
छुड़ा देगी सबका जहाँ !
पर जैसी मौत हमारी ,
है जो सबसे न्यारी !
सेज सजा लो हमारी ,
हम तो विदा अब होते हैं !
शहीदों की मौत पे कहाँ ?
शहीदों की मौत पे कहाँ ?
कोई रोते हैं !
तिरंगे वाली सेज पे तो ,
नसीबों वाले सोते हैं !
तिरंगे वाली सेज पे तो ,
नसीबों वाले सोते हैं !

6. "मन की बात"

नस नस में जोश भरा है ,
लहू में भी उबाल शेष है !
भारत माता तेरी सेवा हेतू ,
तन मन का बलिदान पेश है !
पूर्व हुआ तो क्या हुआ ,
अब भी वीरों सी ख्याति है !
जोश ज़ज्बे से भरी हुई ,
आज भी शेर सी छाती है !
उस छाती में धरे दिल का
अरमान पेश है !
नस नस में जोश भरा है ,
लहू में भी उबाल शेष है !
तन मन का बलिदान पेश है !!

7. "श्रद्धा के फूल"

शब्द नहीं हैं कैसे
अपनी व्यथा मैं प्रकट करूँ ?
मन के आक्रोश को
कैसे आज मैं स्पष्ट करूँ ?
करूँ क्योंकर अर्पण
फूल श्रद्धा के तुम्हें ?
सच्ची श्रद्धा होगी वही ,
प्रतिकार लेना होगा हमें !
त्रस्त क्षुब्ध हर देश वासी का
लहू खौलना चाहिये !
घर में घुस कर मारो सालों को ,
अब यही बोलना चाहिये !
उनके लिए चेतावनी नहीं ,
सबक अब जरूरी है !
एक का बदला सौ से नहीं लेगें ,
तब तलक श्रद्धांजलि अधूरी है !

8. "जिन्दाबाद"

जियें जो आन से
मरे भी शान से
होती भी है वही
जिन्दगी ईमान से

तिरंगे में लिपटा देखो
किस आन से ,
हो रहा है वो रूखसत
शौकत शान से !
हज्जूम में सबकी
आँखों से सैलाब बह रहा है ,
गमज़दा है हर कोई
जिन्दाबाद कह रहा है !

9. "सम्मान"

सरहदों पे झेलते हैं जो
हमारे वास्ते गोलियाँ !
मौत संग खेलते हैं वो
खून की होली !
उनके वास्ते दिलों में हमारे
सम्मान होना चाहिये !
उनकी मेहरबानियों का
हमें भान होना चाहिये !
होली दिवाली दशहरा
क्या क्रिसमस क्या ईद
उनके नाम पे तो हर दिन
कुर्बान होना चाहिये !
उनके वास्ते दिलों में हमारे
सम्मान होना चाहिये !
जय हिंद वन्देमातरम
करें मन में हम बुलंद ,
जय जवान जय किसान
भारतीयता की
पहचान होना चाहिये !
उनके नाम पे तो हर दिन

राजीव त्यागी

कुर्बान होना चाहिये !
उनके वास्ते हमारा
ईमान होना चाहिये !
दिलों में हमारे
सम्मान होना चाहिये !

10. "वीर अमर बलिदानी"

चूम कर फाँसी के फंदे को
कह गए अमर वाणी !
इंकलाब जिन्दाबाद की
लिख गए अमर कहानी !
वतन के वास्ते थी
जिनके लहू में आज़ादी वाली रवानी !
उस आज़ादी की खातिर
उन्होंने बलिदानी की ठानी !
अमर रहे सदा तुम्हारी गाथा
हे वीर अभिमानी !
सदियों दोहराई जाएगी
तुम्हारे बलिदानों की कहानी !
हँसते हँसते देश की खातिर
दे गए तुम कुर्बानी !
भगत सिंह राजगुरु सुखदेव
तुम्हें सौ सौ बार सलामी !
इंकलाब जिन्दाबाद की
लिख गए अमर कहानी !
चूम कर फाँसी के फंदे को
कह गए अमर वाणी !

11. "आहुति"

आज़ादी की वेदी में
दी जिन्होंने प्राण आहुति !
याद उन्हें करने का है दिवस ,
आओ मिल कर करें स्तुति !
नत मस्तक हों चरणों में उनके ,
जिन्होनें शीश गवाएँ !
इक फर्ज निभाया उन्होंने ,
फर्ज हम भी अपना निभाएं !
करने को सम्मान, हम भी शीश नवाएँ !
उनके चरणों में शीश नवाएँ !

12. "स्वतंत्रता की वेदी"

स्वतंत्रता की हवन वेदी में ,
आहुति दे गए जो प्राणों की !
शीश कटा कर शीश बचा गए ,
शीश नवालों याद में ऐसे जवानों की !
आहुति दे गए जो प्राणों की !
उनकी याद में अपने अंगना ,
एक दीपक जरूर जलाना तुम !
पूजा स्थली पर संग भगवन के
उनकी मूरत भी सजाना तुम !
नत मस्तक हो आभार मानना ,
जीवन भर उनका उद्धार मानना !
जो तुम्हारे अरमानों की खातिर
दे गए बली अपने अरमानों की !
स्वतंत्रता की हवन वेदी में
आहुति दे गए जो प्राणों की !
शीश नवालो याद में ऐसे जवानों की !!

13. "मेरा दूर भरम कर दो"

साँवरे मेरे मुझ पर भी ,
कुछ ऐसा कर्म कर दो !
तुम तो हारे का सहारा हो ,
मेरा दूर भरम कर दो !
साँवरे मेरे मुझ पर भी ,
कुछ ऐसा कर्म कर दो !
बादल बरस रहे दुःखों के ,
मुझ पे पीर पड़ी भारी !
ले लो चरण शरण में मुझको ,
मेरे नटवर नागर गिरधारी !
मोह माया के पाश में बंधा हूँ ,
लालच ने मुझे घेरा !
आँखों पे है पट्टी अज्ञानता की ,
छाया है तिमिर घोर घनेरा !
इक लौ जगा दो मेरे प्रभु जी ,
हो जाए दूर मन से अँधेरा !
बन जाओ सारथी तुम ,
मेरे भी जीवन पथ को
सुगम कर दो !
साँवरे मेरे मुझ पर भी ,

तुकबन्दी

कुछ ऐसा कर्म कर दो !
तुम जो हारे का सहारा हो ,
मेरा दूर भरम कर दो !

14. "माँ पुनः अवतार लो"

पटी पड़ी है धरती सारी ,
भ्रष्टाचारी चोरों मक्कारों से !
सुलग रहा है कोना कोना ,
असहिष्णुता के अंगारों से !
देश प्रेम की नहीं रही भावना,
ना चित्त में वो संस्कार रहे !
दया धर्म विहीन वसुंधरा ,
क्यों और क्योंकर भार सहे !
करने धरा को भार मुक्त ,
जगदम्बे फिर से आकार लो !
पाप मुक्त करने धरा को ,
माँ भगवती पुनः अवतार लो !

15. "बाँसुरी"

कान्हा तोरी बाँसुरी बड़ी ढीठ,
देख मोहे चिड़ावै है !
मुँह लगी - मुँह जोर बड़ी है ,
जब देखो करने कू रार ठडी है !
तोड़ डालूँगी नारायण की सों ,
सौत मोहे बतावै है !
कान्हा तोरी बाँसुरी बड़ी ढीठ ,
देख मोहे चिड़ावै है !
सगरी गैंयां और गोपी ग्वाले ,
तान सुन इसकी झूमते मतवाले !
पर मोहे तो देती पीर ,
है ये बडी शरीर !
देख मोहे सतावै है !
कान्हा तोरी बाँसुरी बड़ी ढीठ ,
देख मोहे चिड़ावै है !
तोड़ डालूँगी नारायण की सों ,
सौत मोहे बतावै है !
देख मोहे सतावै है !!

16. "राम राम रटते रटते"

रामा रामा रटते रटते ,
तुमने पर्वत भी राई कर डाला !
जलधि लाँघ गए क्षण में ,
जपके राम नाम की माला !
पहुँच गए महावीर लंकपुरी ,
जाके बस हुंकार भरी !
एक हूंक से काँपे सब जन ,
लंका नगरी तब थी डरी !
देके मुद्रिका प्रभु राम की ,
प्रभु प्रिया को विस्मित कर डाला !
जलाधि लाँघ गए क्षण में ,
जपके राम नाम की माला !
रामा रामा रटते रटते तुमने ,
पर्वत भी राई कर डाला !
सीता जी की मांग देखी ,
जब बजरंगी ने सिंदूरी !
माता तुमने क्यूँ यह तिलक सजाया ,
अचरज जान करो शंका पूरी ?
यह रंग अति प्रिय स्वामी को है ,
प्रसन्न होते इससे जगत कृपाला !

सुनके हनुमान ने तब ,
अपने भी तन को
रंग सिंदूरी में ढाला !
जलाधि लाँघ गए क्षण में ,
जपके राम नाम की माला !
रामा रामा रटते रटते ,
तुमने पर्वत भी राई कर डाला !

17. "मुसाफ़िर खाना"

दुनिया है मुसाफ़िर खाना ,
इक दिन तो होगा जाना !
जाने बंध जाये कब गठरी ,
उस गठरी में -
ना महल चुबारा होगा !
ना दौलत शौहरत होगी
ना हैसियत होगी
और ना वसीयत होगी !
उस गठरी में -
कर्मों का लेखा होगा !
कुछ पुण्य कर्मों की ,
कुछ पापों की बही होगी !
बस इनका बोझ लेकर ,
होगा सफर पे जाना !
जो अंतिम सफर होगा !
इक दिन तो होगा जाना !

18. "दीदार साँवरे का"

जीवन पथ पर चलते चलते ,
थक जाऊँ कहीं अगर !
थाम लेना उंगली मेरी ,
आके मेरे हमसफ़र !

तेरे दीदार की साँवरे,
इक झलक जो मिल जाए !
तुम जो मिल जाओ तो ,
नैन कमल खिल जाए !
तेरे दीदार की साँवरे !
अंखियाँ प्यासी हैं ,
कब से तरस रहीं !
मन की पीड़ा है ,
नैनो से बरस रही !
हृदय से लगा लो जो ,
तुम चरणों की दासी को !
मिल जाए प्राण सुधा ,
जन्मों की प्यासी को !
प्यास बुझे दर्शन की ,
तो सुकून मिल जाए !

राजीव त्यागी

तेरे दीदार की साँवरे ,
इक झलक जो मिल जाए !
तुम जो मिल जाओ तो ,
नैन कमल खिल जाए !

19. "जपता रहूँ कन्हैया"

कुछ करो ऐसा मेरे सांवरे ,
ये जिन्दगी संवर जाये !
तेरे चरणों में श्याम मेरे ,
जिन्दगी तमाम गुजर जाये !

मैं जपता रहूँ कन्हैया ,
चौखट पे तेरी आके !
मत जाना साँवरे मेरे ,
दिल में मेरे समाके !
दुनिया में उल्फ़तों पे ,
लगते हैं लाख पहरे !
समझे ना कोई सांवरिया ,
दिलों के राज गहरे !
तुझको तो सब खबर है ,
सब तेरी रंगत का असर है !
पड़ जाये ना रंग ये फीके ,
रखना इन्हें बचाके !
मत जाना साँवरे मेरे ,
मेरी जिन्दगी में आके !
मेरे ही रहना सदा तुम ,

राजीव त्यागी

दिल में मेरे समाके !
मैं जपता रहूँ कन्हैया ,
चौखट पे तेरी आके !

20. "स्वागत मेरे राम"

गली कूचा और नगर बसेरा ,
आज हुए अयोध्या धाम हैं !
गाँव गाँव और बस्ती बस्ती
आज पधारे श्री राम हैं !
मन में भक्ति भाव लिये
सभी स्वागत को आतुर हैं !
श्रद्धा और विश्वास लिये
मन का कोना कोना है प्रभासित ,
हर आँगन में दीप प्रकाशित !
सजे हुए हैं आज गलियारे ,
आँगन कूचे तमाम हैं !
गाँव गाँव और बस्ती बस्ती ,
आज पधारे श्री राम हैं !
गली कूचा और नगर बसेरा,
आज हुए अयोध्या धाम हैं !
मन में अथाह प्रेम का सागर ,
आँखों से यह निर्झर बहकर !
प्रभु के प्रति हो रहा उजागर !
हाथ जुड़े दोनों भक्ति भाव से ,
मुख बोले सिया राम है !

राजीव त्यागी

जय जय श्री राम है !
गाँव गाँव और बस्ती बस्ती
आज पधारे श्री राम हैं !
सजे हुए हैं आज गलियारे
आँगन कूचे तमाम हैं
नगर कूचे और गली बसेरा
आज हुए अयोध्या धाम हैं !
मन में सियाराम बसे सभी के
मुख मुख पे जय जय श्री राम हैं !
जय जय श्री राम है !
जय जय श्री राम हैं !

21. "हृदय में श्री राम"

करूँ क्या मैं ऐसे उपहार का ?
क्या प्रयोजन इस मुक्ताहार का ?
मेरे लिए यह काम का नहीं ,
जिसमें नाम श्री राम का नहीं !
हनुमान जी की सुनके बात ,
बोले विभीषण अचरज के साथ !
हे बजरंगबली जो आप हो भक्त महान ,
क्या हृदय आपके बसते हैं अन्तर्धायन ?
जो नहीं बसते सिया राम इस तन माही ,
सो तन वो मेरे काम का नाही !
उस तन को कर लूँगा नष्ट तमाम ,
जिस में नहीं मिलेंगें मेरे प्रभु राम ?
राम उद्घोष कर चीर दी तब छाती ,
दर्श कराके सिया राम छवि का
भक्त शिरोमणि की तब पा गए ख्याती !
जिनके हृदय बसते सिया राम ,
वो भरत सम प्रिय मेरे हनुमान !
कह कर प्रभु ने गले से लगाया ,
तुम प्रति रूप हो मेरी छाया !
जो जपेगा बजरंगी हनुमान ,

राजीव त्यागी

पायेगा बैकुण्ठ मिलेगें उसे राम !

22. "ठिठोरी"

साँसों की हर लय में
नाम तुम्हारा हो !
मन मंदिर में साँवरे
धाम तुम्हारा हो !
आँखे खुलें जब मेरी
देखें सदा तुमको !
बंद पलकों में भी
पयाम तुम्हारा हो !

ठिठोरी सूझ रही तोहे श्याम ,
मैं तो गई लाज से मारी मारी !
लाज से मारी मारी ,
गई तो पे वारी वारी !
ठिठोरी सूझ रही तोहे श्याम ,
मैं तो गई लाज से मारी मारी !
नन्द बाबा को देऊँगी उलाहना ,
सखियों संग मारूंगी ताना !
तोरे खिचवाऊंगी कान ,
मैं तो गई लाज से मारी मारी !
लाज से मारी मारी ,

राजीव त्यागी

गई तो पे वारी वारी !
ठिठोरी सूझ रही तोहे श्याम ,
मैं तो गई लाज से मारी मारी !
एक मटकी के बदले सौ सौ लूँगी ,
तेरी करनी मैया सू कहूँगी !
तोरी निकलवाऊंगी अकड़ तमाम ,
मैं तो गई लाज से मारी मारी !
लाज से मारी मारी !
गई तो पे वारी वारी !
ठिठोरी सूझ रही तोहे श्याम ,
मैं तो गई लाज से मारी मारी !

23. "कण कण में भगवान"

जित देखूँ उत तेरी मूरत
नयनाभिराम प्यारी सूरत

छिपे हो कण कण में भगवान ,
तो दर्शन क्यूँ नहीं देते हो ?
दया सब पे बरसाते हो दयावान
तो मेरी सुधि क्यूँ नहीं लेते हो ?
दर्शन क्यूँ नहीं देते हो ??
प्रभु मेरी सुधि क्यूँ नहीं लेते हो ??
पड़ा रहूँगा होके तेरे चरणों का चाकर ,
देखो तो इक बार बुलाकर !
सुनते क्यूँ नहीं करुण पुकार ,
दर्शन क्यूँ नहीं देते हो ?
मेरी सुधि क्यूँ नहीं लेते हो ?
छिपे हो कण कण में भगवान !
करूणा बरसाने वाले करुणा निधान !
दर्श दिखा दो भगवान ,
मेरी सुधि क्यूँ नहीं लेते हो ?
छिपे हो कण कण में भगवान ,
दर्शन क्यूँ नहीं देते हो ??

24. “बैकुण्ठ”

जब हो जाएं सांस पूरी ,
मुझे बैकुण्ठ में बुलाना !
देना ह्रदय में इक कोना ,
मुझे चरणों में बिठाना !
मुश्किल भरी हैं राहें ,
चलना हुआ है भारी !
देना पग पग सहारा ,
थाम उंगली चलाना !
जब हो जाएं सांस पूरी ,
मुझे बैकुण्ठ में बुलाना !
देना ह्रदय में इक कोना ,
मुझे चरणों में बिठाना !
अथाह गहरा है सागर ,
मिलता नहीं किनारा !
मेरी डूबती नैया को ,
मेरे प्रभु पार लगाना !
जब हो जाएं सांस पूरी ,
मुझे बैकुण्ठ में बुलाना !
देना ह्रदय में इक कोना ,
मुझे चरणों में बिठाना !

तुकबन्दी

सत कर्मों से ना टरूं मैं,
सच्ची राह पे चलूँ मैं !
मिले संतों का समागम,
मुझे राह वही दिखाना !
जब हो जाएं सांस पूरी,
मुझे बैकुण्ठ में बुलाना !
देना हृदय में इक कोना,
मुझे चरणों में बिठाना !

25. "अम्मा"

सुकून भरा अहसास होता है ,
"माँ", "अम्मा", "मम्मी", "अम्मी"
दो ढाई अक्षर का रिश्ता --
सब से खास होता है !
मैं अहसास जताता नहीं हूँ ,
कितना प्यार करता हूँ ,
माँ को बताता नहीं हूँ !!
जब दर्द की इन्तहा होती है --
जुबाँ पे मेरे भी मेरी माँ होती है !!
तेरे कदमों में जहाँ सारा आबाद हो -
माँ तेरी रूखसती मेरे बाद हो !!

26. "माँ का आँचल"

हौले से थपकी दे के मुझको सुलाती थी
ममता भरी लोरी माँ मुझको सुनाती थी
काश लौट आए वो दिन खेलूँ माँ के आँचल से
काला टीका लगाए माँ अपनी आँखों के काजल से
लेके मेरी बलैया माँ खूब इतराती थी
ममता भरी लोरी वो मुझको सुनाती थी
हौले से थपकी दे के मुझको सुलाती थी
भूला नहीं हूँ माँ मैं तेरे अहसानों को
तूने ही तो जिया है मेरे दिल के अरमानों को
जब जब भी हमदर्दों ने मुझसे मुँह मोड़ा था -
तब तब माँ ही मुझको धीर बंधाती थी
लेके मेरी बलैया खूब इतराती थी
मेरी माँ मुझको लोरी सुनाती थी
हौले से थपकी दे के माँ मुझको सुलाती थी !

27. “आँचल की छाँव”

धूंप है घनेरी
डाल ममता की छांया
आँचल में आज फिर
माँ मुझ को छुपा ले !
ना समझा दुनिया को ,
ना जाना इसकी माया
लगा नज़र का टीका ,
सबकी नजरों से बचा ले !
आँचल में आज फिर
माँ मुझको छुपा ले !
सबकी नजरों से
माँ मुझको बचा ले !

28. "जन्नत"

थक गया हूँ माँ
सोना चाहता हूँ !
तेरे आँचल को बच्चे सा
भिगोना चाहता हूँ !
सुन्न हो गया हूँ
है सीने पे बोझ भारी !
लिपट तेरे सीने से
रोना चाहता हूँ !
थक गया हूँ माँ
सोना चाहता हूँ !
नराधम हूँ पापी
ना तुझे जाना !
अब तुझे पाया है
ना खोना चाहता हूँ !
थक गया हूँ माँ
सोना चाहता हूँ !
तेरे आँचल को बच्चे सा
भिगोना चाहता हूँ !

माँ के चरणों में

राजीव त्यागी

होती है पूरी मन्नत !
होते हैं ख्वाब पूरे
मिलती है यहाँ जन्नत !

29. "माँ"

शहद सा तेरी बोली में मिठास !
बरकतो का तेरी झोली में अहसास !
खुशनसीब हूँ मैं जो तू है मेरे पास !
* * * * * *
माँ ने ही तो भगवान को गढ़ा है !
इसलिए तो नजरों में मेरी ,
माँ का दर्जा बड़ा है !

30. "बेटे"

दुलारती हैं पुचकारती हैं ,
माँ सा सवांरती हैं ,
अपना हीरो मानती हैं !
ऐसी होती हैं बेटियाँ ,
वो पापा की कद्र जानती हैं !
और बेटे --
जो होते हैं ,
वो होते हैं ,
नालायक निक्कमे !
वो बेटियों की तरह
जताते नहीं हैं ,
प्यार तो करते हैं ,
पर बताते नहीं हैं !

31. "प्यारी बहन"

खुशियों को तेरी
ना लगे किसी की नजर !
फूलों की खुशबू
और चाँदनी चाँद की
दुनिया की हर नैमत ,
हो तेरी नज़र !
तुझे भी तो
याद आता होगा
पल में रूठना अपना ,
और मनाना --
कर मिन्नत मेरा !
तेरी इक मुस्कान
से ही तो था
घर जन्नत मेरा !

बंधी है कलाई पर
आज प्रेम की डोर ,
इक तेरे हाथ है
इक मेरे हाथ में छोर !
बंधन है विश्वास का ,

राजीव त्यागी

साथ के अहसास का !
सुखद स्मृति सुहास का ,
स्नेहिल श्रावण मास का !

32. "रिश्ते"

रिश्ते ना फिसल जाएं
हाथों से रेत की मानिंद !
रखो संभाल के इनको
लिपी मिट्टी की जानिब !

33. "अमरबेल"

लिपट कर मुझसे
तुम बेल से
अमरबेल हो गई !
देकर तुमको
अजरता अमरता
जीवन और प्यार ,
मैं पल्लव पुष्प विहीन ,
ठूंठ सा खड़ा रह गया !

34. "यादों वाले समंदर"

यादों वाले समंदर गहरे बड़े हैं ,
घने दरख्तों के साए से खड़े हैं !
डूबना चाहता हूँ - मगर ,
- तुम्हारी आँखों के पहरे जिद्द पे अड़े हैं !
यादों वाले समंदर गहरे बड़े हैं !

35. "गीत मोहब्बत का"

आओ तुमको मोहब्बत का मैं गीत सुनाता हूँ !
दिल की आरज़ू जो है ..वो तुमको बताता हूँ ,
आओ तुमको मोहब्बत का मैं गीत सुनाता हूँ
तेरे जिस्म की खुशबू से मेरी साँसे महकती हैं ,
मैं वो खुशबू अपनी रूह में बसाता हूँ !
दिल की आरज़ू जो है .. वो तुमको बताता हूँ ,
आओ तुमको मोहब्बत का मैं गीत सुनाता हूँ !
बुतपरस्तों की दुनिया में सब कहते मुझे काफिर ,
मैं सजदे करता हूँ ... तुझे पाने की चाहत में ,
उस रब से भी ज्यादा तुझे ही चाहता हूँ !
दिल की आरज़ू जो है ..वो तुमको बताता हूँ !
आओ तुमको मोहब्बत का मैं गीत सुनाता हूँ !!

36. "तुम"

निशा का तुम हो तारा ,
तुम हो प्रभा का उजियारा !
उषा की रश्मि सी चंचल ,
हो किरण इंदु की शीतल !
अरुणा की अल्हड़ अरुणाई ,
करुणा तुम मन की करुणाई !
जीवन उपवन में कली सुमन की ,
आभा हो तुम मेरे मन की !
चहका तुमसे मेरा आँगन ,
महका मन का मस्त सावन !
मधु मधुकर तुम्हारे बैना ,
तुम हो ज्योती आँखों की नैना !
तुम रुबाई, हो गजल कविता ,
निर्झर मन में बहे वो प्रेम सरिता !
पायल की झंकार तुम्ही हो ,
मन वीणा का तार तुम्ही हो !
वंदना तुम हो मेरा प्रेम वंदन ,
तुम ही हो हृदय का स्पंदन !
संध्या की हो तुम अराधना ,
साधक मैं तुम मेरी साधना !
प्रेरणा हो प्रिया मेरी जीत की ,
तुम ही हो रागनी मेरी प्रीत की !

37. "हवाओं से कह दो"

कोई कहदे हवा से
जरा थम के बहे !
वो संवार रहे हैं जुल्फ़ें
जरा थम के बहे !
उड़ उड़ के छू रही हैं
जो उनके रूखसार को !
खलल दे रही हैं
मौसम ए प्यार को !
ना करें इतनी हिमाकत
जरा थम के बहे !
कोई कहदे हवा से
जरा थम के बहे !

38. "होली"

आओ मिलकर जलायें ,
हम चिंताओं वाली होली !
दुआएं हों सबके लिये ,
बोलें प्रेम वाली बोली !
दुःख सबके बीतें ऐसे ,
जैसे रात का अंधेरा
आँगन सबके सूरज चमके !
लाए सुहानी सुबह का सवेरा
गम की गठरी का बोझ हटाकर ,
आओ भरलें खुशियों वाली झोली !
दुआएँ हों सबके लिये ,
बोलें प्रेम वाली बोली !
आओ मिलकर जलायें ,
हम चिंताओं वाली होली !

******

दुआ करें आओ सब मिलके ,
खुशियाँ भरी हों सबकी झोली में !
कठोर कुल्षित कटु वचन ,
ना भरें हों हमारी बोली में !
सुख चैन प्यार अमन के रंग ,
झलकें हमारी रंगोली में !
जन मन की जय जय बोलों ,

राजीव त्यागी

मिलके अबकी होली में !

39. "शुभ दीपावली"

मंगल गीत गाओ सभी ,
सजाओ तोरण द्वार !
दीप जलाओ खुशियों वाले ,
राम लला रहें हैं पधार !
संग में जानकी माता हैं ,
लक्ष्मण भैया भी आए हैं !
भक्त शिरोमणी बजरंगबली भी ,
करने आए हैं उद्धार !
मंगल गीत गाओ सभी ,
राम लला रहें हैं पधार !
आज गुंजा दो धरती
जय श्री राम के नारों से !
आह्लादित हो गगन विशाल भी ,
कौशल्या नंदन के जयकारों से !
फूलों की कतार बिछा दो ,
जलाओ दीपक कई हजार !
मंगल गीत गाओ सभी ,
सजाओ तोरण द्वार !
दीप जलाओ खुशियों वाले ,
राम लला रहे हैं पधार !

40. "बाल दिवस"

खूब मस्ती हँसी ठिठोली,
करती रहे बच्चों की टोली !
नीतिवान सदाचारी हों ,
हर बालक यहाँ संस्कारी हों !
सत्य साधना के साधक हों ,
वचन निर्वाहन के पालक हों !
सुशिक्षा का हो उनपे प्रभाव ,
देश सेवा का हो मन में भाव !
अवरोधक नहीं गतिशील बनें ,
लक्ष्य साधें उन्नतिशील बनें !
बाल दिवस का उन्हें उपहार ,
सहृदय आशीर्वाद और प्यार !

41. "करवा चौथ"

पर्व है यह -
प्रीत का
प्रीत की -
जीत का
जीत की -
रीत का
मन के-
मीत का
मान का
सम्मान का
निष्ठा का
प्रतिष्ठा का
मीत से -
संघिष्ठा का
अर्पण का
समर्पण का
आस्था का -
विश्वास का
संग के -
सुहास का

राजीव त्यागी

प्रेम की -
भक्ति का
पर्व है यह -
नारी की
शक्ति का

सभी सुहागिन
सन्नारियों को
करवाचौथ की
सहृदय शुभकामनाएँ !

42. “रक्षाबंधन”

भाई बहन का रिश्ता
बड़ा ही खास होता है !
बहन बड़ी का प्यार -
होता है माँ की ममता सा !
बहन हो छोटी तो -
बड्डपन का अहसास होता है !

आओ मिलकर लें प्रण
परम्पराओं के निर्वाहन की !
देवी तुल्य होता है
स्वरूप नारी का ,
रक्षा करेंगें सदैव
उसके सम्मान की !

43. "फितरत"

मेरे घर की रार मुझसे सुलझती नहीं है ,
मैं दूसरों की फटी में टाँग घुसाता हूँ !
मेरे अपने मेरे कहे में नहीं हैं ,
दूसरों को क्यूँ समझाता हूँ ?
अपनों से मेरी बनती नहीं है ,
औरों को क्यूँ अपने पन का पाठ पठाता हूँ ?
जो हूँ जैसा हूँ -वैसा दिखता नहीं हूँ ,
क्यों फितरत अपनी छुपाता हूँ !

44. "दानव दुनिया"

चारों तरफ हा हा कार मचा है ,
- छाई रात अंधियारी है !
जगह जगह हर कोने में ,
- पैदा होते अत्याचारी हैं !
भाई भाई को मार रहा ,
- बन्धु बन्धु का प्यासा !
कोई मर रहा आज ,
- कोई कल की कर रहा आशा !
कोई कल की कर रहा आशा !!
- यहाँ कोई ना बचा रहेगा !
आने वाला जमाना इसे ,
- दानव दुनिया कहेगा !!

45. "हिसाब"

एक रात मौत ने मुझसे -
कफ़न का माप पूछा था !
कपड़ा सस्ता हो या महंगा -
साफ पूछा था !
यूँ ही खोया था मौत के हसीं ख्यालों में,
मेरे अपनों ने जगा के मुझसे ,
दिन का सारा हिसाब पूछा था !

46. "मुस्कुराहटें"

गम के अँधियारे में ,
खुशियों के दीप जलाने को !
मिलकर करें कुछ ऐसा ,
संग में मुस्कराने को !
आओ ठिठुरते तन को ,
थोड़ी सी गर्माहटें दें !
उदासी में डूबे मन को ,
चंद मुस्कुराहटें दें !

47. "मैं"

टूटा सा मैं इक तिनका ,
कैसे जोड़ पाऊँ आशियाँ ?
मैं अकेला बदमस्त ,
मेरी कोई बसर नहीं !
जिन्दगी मेरी धुआँ धुआँ ,
जिसकी राह क्षितिज को जाती है ,
पर मंजिल की मुझे खबर नहीं !
मैं अकेला बदमस्त ,
मेरी कोई बसर नहीं !
टूट टूट के जुड़ा हूँ मैं ,
ऐसा चिकना घड़ा हूँ मैं !
ऐसा चिकन घड़ा हूँ मैं ,
तो मुझपे कोई असर नहीं !
मेरी कोई बसर नहीं !!
मुझे मंजिल की खबर नहीं !!

48. "फुरसत"

फुरसत मिलते ही
खुद से खुद का हाल कहूँगा !
बैठूंगा खुद पास में, बैठाऊँगा खुद को ,
खुद ही खुद से सवाल कहूँगा !
करूँगा शिकायत, होंगे गिले शिक़वे !
खुद ही खुद से मलाल कहूँगा !
अभी फुरसत में नहीं हूँ ,
मिलते ही खुद से ,
खुद का हाल कहूँगा !

49. "जिन्दगी"

हमसे रूठों मत जिन्दगी ,
की तुमसे मिन्नते बार बार !
हमें मनाने का अब तुम ,
खो चुकी हो इख्तियार !
* * * * * *
मुद्दत हुई तुमसे ,
मिले अ जिन्दगी !
कभी मिलोगी ,
तो जीने का सलीका
सिखलायेंगे तुम्हे !
* * * * * *
दम भर ठहर जा
तनिक सुस्ता तो ले !
फिर तो चलना है
तेरे इशारों पे
मुझे ही अ जिन्दगी !
* * * * * *
जिंदगी
लूज इलास्टिक वाले
पजामे की तरह हो गई है !

तुकबन्दी

साला फटने तलक ,
खींच तान के ,
संभाल संभाल के ,
चलाते रहो -
जब तक चले !

50. "पाप पुण्य"

पुण्य पुण्य करते करते ,
किसने की कमाई ?
फिर पुण्य पाप की ,
क्यूँ देते लोग दुहाई ?
पुण्य सब महंगे पड़े ,
पाप की गठरी भारी !
इस पुण्य की चाह में तो ,
बीत जायेगी उम्र सारी !
पाप हों या पुण्य ,
होगा एक दिन मरजाना !
सब यहीं धरा रह जायेगा ,
अभी से क्यूँ घबराना ?

51. "मैं जो राम नहीं --"

मन से मैं जो राम नहीं ,
क्यूँ स्त्री चाहूँ सीता सी ?
बगल में छुरी रख ,
बात करता हूँ गीता की ??

52. "राम नाम सत्य"

दो मन लकड़ी
दो गज कपड़ा
दो गज जमीन !
और राम नाम सत्य
के बोल तीन !!
विदाई समय में
सभी को चाहिये
राजा हो या दीन !

53. "रिवायतें"

हैरान हूँ मैं देख
दुनिया की रिवायतें !
मशहूर हैं वो पालते हैं ,
जो दिलों में नफ़रतें !
* * * * * *
तुमको मेरा चेहरा ,
धुंधला सा नजर आता होगा !
आओ मिलकर साफ करें ,
गर्त तस्वीरों से !
* * * * * *
आदमी यहाँ पर सस्ता है,
क्वालिटी कांसिअस लोगो में -
इसलिए तो वो नहीं बिकता है !
* * * * * *
जो छल रहा है ..
वही चल रहा है !
* * * * * *
नजरों में तेरी ,
मैं लाख काफ़िर सही --
मेरे खून का भी रंग लाल है ,

देख तेरे मानिंद !

* * * * * *

जहाँ -
वाद नहीं होते हैं !
वहाँ --
निश्चित ही विवाद होते हैं !

* * * * * *

जिन्दगी का फलसफ़ा है
मुफ़लिसी के वक्त -
हर यार बेवफ़ा है !

* * * * * *

हमने उनको ज़ख्म दिखाए ,
वो झट से सूईं धागा लाए !

* * * * * *

जिस्म की आग ठंडी होते ही ,
चल देते हैं सब मुँह फेर कर !
शमशानों में अक्सर ,
देखा है मैंने ऐसा मंजर !

54. "खुदा के बन्दे"

खुदा के बन्दे
मैं तेरी जात पूछता हूँ ?
तू खुदा हो गया है क्या ?
-तेरी औकात पूछता हूँ ?
जिस खुदा के फ़जल से -
मिली हैं तुझे सांसे
नाम लेके उसी का -
तू बाँट रहा है आहें
ओ समझने वाले
औरों को काफ़िर
अल्लाह की इबादत-
क्या यही है पूछता हूँ ?
तू खुदा हो गया है क्या ?
- तेरी औकात पूछता हूँ ?
खुदा के बन्दे
मैं तेरी जात पूछता हूँ ?
और तेरी जात की
बिसात पूछता हूँ ?

55. "गुमान"

सुंदर तन का करे गुमान क्यूँ --
आत्मा का बोझ जो उठा नहीं पायेगा !
धन पैसा जोड़ा बेहिसाब जो -
अंत समय वो भी काम नहीं आयेगा !
यहाँ तो श्वांस भी सदा रहता नहीं अपना --
एक रोज वो भी साथ छोड़ जायेगा !
क्या कुछ लाया था जो लेके जायेगा -
बस कर्मों का फल ही साथ निभायेगा !

56. "शिकवा"

आशा रूठी रोये नयना !
भावना बिगड़ी कुछ ना कहना !!
बिखरी पूजा ना मिली तमन्ना !
छिटकी चाँदनी उड़ गई मैना !!
बिखरे मोती माला टूटी !
करुणा की करुणा भी झूठी !!
रोये तारा हुआ सवेरा !
अपनी तो जिंदगी में छाया अंधेरा !!
शमां बुझी गज़ल के साज टूटे !
किसी से क्या शिकवा करें ?
हमसे तो अपने ही रूठे !!
सब रूठे तो किसी से क्या कहना !
आशा रूठी रोये नयना !!

57. "आस्तीन का साँप"

कब तक सहोगे,
कितना सहोगे ?
बदलोगे कब,
आलम ये
दुश्वारी का ?
आस्तीन में
सांप पालकर,
देखोगे कब तक
तमाशा अपनी
लाचारी का ?
जहर उगलते
भुजंगों को
क्या कहीं
दुलारा जाता है!
फैलाए जो
फन विषैला -
उनको तो
कुचला मारा
जाता है !
बहुत हो चुका

तुकबन्दी

बहुत सह लिया -
क्या अब
इंतजार है
अपनी बारी का ?
सम्मान से जीना है
तो मारना सीखो -
सीखो सर कुचलना
जिहादी अत्याचारी का !
कब तक सहोगे
कितना सहोगे -
बदलोगे कब
आलम ये दुश्वारी का ?
- सीखो सर कुचलना
जिहादी अत्याचारी का !

58. "मंजर"

थमती सांसों का
बिलखती आहों का
ये कैसा मंजर है ?
पथरीली आँखों में
आँसुओं वाला समंदर है !
मन सोचे हर पल है
पीड़ा से बेकल है ,
जाने कब सैलाब थमेगा
जो मचा रहा बवंडर है !
थमती सांसों का ये कैसा मंजर है ?

59. "2 जून की रोटी"

2 जून की रोटी कमाने को
बेलने पड़ते हैं पापड़ !
जो होते हैं रोटी जैसे गोल
और स्वादिष्ट भी - तो --
जो बेले जा चुके हैं ,
उन्हीं से काम चला लेते हैं !
जब तक रोटी की जुगत हो ,
बेले गए पापड़ ही खा लेते हैं !

60. "बेबसी"

कातर बेबस लाचार निगाहों से
सिसकती सुबकती आहों से
उसने तुम्हारी ओर देखा होगा
उसके मन की करुण पुकार
तो तुम्हें क्या सुनाई दी होगी
तुमने तो उसकी आँखों में
आँसू भी नहीं देखा होगा
देखा तो होगा - जरूर होगा
करुण रुदन भी सुना होगा
परन्तु दिल क्यों पसीजता तुम्हारा
लजीज़ गोश्त की चाह में
जो तुम धर्मांदी उन्मादी हुए
जिबह करते हुए उसे
तुम्हारा हाथ भी ना काँपा होगा

और अब दस्तरखान सज चुका है
प्लेट में लजीज़ गोश्त की खुश्बू
तुम्हारे अजीजों को अजीज़ लग रही है
क्योंकि वह जो तुम्हारी सबसे अजीज़ चीज़ थी ,
जिसकी जान तुमने खुद ली है ,

तुकबन्दी

वही तो दस्तरखान की प्लेट में सजी हुई
तुम्हे सुकून पहुँचा रही है !

61. "जुगनु"

जुगनुओं की बस्ती में
घनेरे आज अंधेरे हैं !
लौ बुझ गई है मेरी
पर कट गए हैं !
जिन्दगी के हर दुःख
क्यों भाग्य में मेरे हैं ?
जुगनुओं की बस्ती में
घनेरे आज अंधेरे हैं !
ऊँचे क्षितिज में उड़ सकता नहीं ,
ना तेज गति है उड़ने की !
पकड़ लिया जाता हूँ मैं !
जकड़ लिया जाता हूँ मैं !
या लपेट किसी आँचल में
बेकल किया जाता हूँ मैं !
किस्मत ही कहती है खुद
फूटे भाग तेरे हैं !
जुगनुओं की बस्ती में
घनेरे आज अंधेरे हैं !

62. "पूर्णता का अहसास"

बढ़ती उम्र को देखकर -
बढ़ते अनुभवों का
अहसास लगने लगा है !
देखकर पकते हुए बालों को -
परिपक्वता का सुहास जगने लगा है !
उम्र बढ़ रही है पूर्णता की ओर -
वक्त का हर पल अब
खास लगने लगा है !

63. "कमली"

अंजुओं मिटांदी ए ,
किस्मत दिया लकीरा नूं !
हाल दिला दा कहन्दी ए ,
मिलके फकीरा नूं !
दिल उदा कांच्च वरगा ,
ठेस लगे ते टूट जाऊ !
कमली मिट्टी दे घट वरगी ,
मिट्टी विच वट जाऊ !

64. "मन का डर"

कात रहा है कौन
चरखा चाँद की आशनाई में ?
बैठा कौन है वो देखो
बादलों वाली परछाई में ?
पेड़ों के झुरमुट में वो
किसका अक्स उभर कर आया है ?
कौन है वो जिसने
आज फिर मुझे डराया है ?
किसमें इतना दुःसाहस है ,
किसकी ऐसी माया है ?
वहम है वो मेरे मन का
मेरा ही हमसाया है !?
मेरे मन के डर ने ही तो
मुझे आज डराया है !

65. "उदासी"

दिल रो रहा है ,
उदास है आँखें !
मंजर देख ऐसा
बिलख रही हैं सांसे !
फिजा को ये
किसकी नजर लगी है !
के मिटते नहीं हैं ,
खिजा के कुहासे !
दिल रो रहा है ,
उदास हैं आँखें !

66. "काल की हुँकार"

थर्रा जाएगी रूह तुम्हारी ,
काल की हुँकार से !?
श्वांस भी भारी लगेगा ,
मृत्यु की पुकार से !
रात काली स्याह होगी ,
अंधेरी और भयावह होगी !
तू बलशाली, शक्ति विहीन होगा ,
कृशकाय बल हीन होगा !
उस रोज सबसे दीन होगा ,
श्वांस भी लगेगा भारी ,
मृत्यु की पुकार से !?
थर्रा जाएगी रूह तुम्हारी ,
काल की हुँकार से !

67. “वीरां”

की गम सीं तैनू वीरां ,
जे टुर गयां इतनी दूरां ?
वेख ले वे हाल माँ दा ,
धुंप विच जलदी छां दा !
तू चल दिता छोड़ ओनहू ,
जिन्ने आँचल खिलाया सी !
रोन तां पहलां ,
तैनू दुध पिलाया सी !
करजे थले दबा चलया ,
करूगा किस वल्लो पूरा ?
की गम सी तैनू वीरां ,
जे टुर गयां इतनी दूरां ?
जिस पियो ने बांह झुलाया ,
उद्दो किवें तू भुलाया ?
सीने विच आंजू दब के ,
गुप चुप रौंदा ए
रख लिता कलेजे पत्थर ,
तेरिये हीर नूं मनोंदा ए !
होण करूगा कौण पूरा ,
रहया जो खाब अधूरा ?
की गम सी तैनू वीरां ,
जे टुर गया इतनी दूरां ?

68. "चार दिन"

मिले हैं जो चार दिन
हँसके गुजार ले
ना मिले कहीं -तो-
खुशियाँ किसी से उधार ले !
मिले हैं जो चार दिन
हँसके गुजार ले !
चेहरा मुस्कुराता
है सबको भाता
उदासी का पर्दा -
मन से उतार लें !
ना मिले कहीं- तो -
खुशियाँ किसी से उधार ले !
मिले हैं जो चार दिन
हँसके गुजार ले !
फुरसत के दो पल
ना मिले तो - ना रो -
अपने गम का रोना ,
उन दो पलों को-
हँसके गुजार ले !
ना मिले कहीं - तो -

राजीव त्यागी

खुशियाँ - किसी से उधार ले !

69. "तुस्सी बचपन नहीं वैख्या - 1"

मुल्तानी
मिट्टी से --
तख्ती
पोत कर
सरकंडे की कलम
काली स्याही में डुबोकर -
क्या
उस पर चलाई थी ?
शहतूत की
कमची से
मा साहब
के हाथों --
क्या
पिटाई खाई थी ?
और
छुट्टी के वक्त
पहले निकलने की
होड़ में --
कभी हुई
क्या

राजीव त्यागी

लडाई थी ?

नहीं
तो --
तुमने बचपन नहीं देखा !
तुस्सी बचपन नहीं वेख्या !!

* * * * * *

"बचपन नहीं वेख्या - 2"
हारे की मंद मंद आँच पर
मिट्टी की हाँडी में
धीमे धीमे उबलते दूध
पर जमी हल्की पीली मलाई
और उसकी खुरचन
क्या तुमने सीप से खुरच के थी खाई ?
नहीं --
तो - तुमने बचपन नहीं देखा !
तुसी बचपन नहीं वेख्या !!

70. "संरक्षण"

प्रकृति जीवन का सार ,
है प्रकति जीवन आधार !
सौंदर्य है प्रकति की आभा ,
पुष्प दल से पल्लवित प्रभा !
वृक्ष हैं प्रकति की धुरी ,
जल से होती तृष्णा पूरी !
है दोनों का संरक्षण जरूरी !

* * * * * *

वक्ष धरा का भूषण हैं,
दूर करते जो प्रदूषण हैं !
हरियाली नैनों को सुहाती है,
हवा ताजी मन को भाती है !
चाहिये जो शुद्ध श्वास,
कीजिये वृक्षारोपण अपने पास !

71. "संस्कार"

बड़ों का सत्कार
छोटों से प्यार
किए का आभार
सदा ध्यान रहे !
गुरू का सम्मान
मात पिता का मान
देश की आन
सदा ध्यान रहे !
दुःखों का सामना
सुखों की कामना
गिरतों को थामना
सदा ध्यान रहे !
दया भावना
लक्ष्य की साधना
प्रभु आराधना
सदा ध्यान रहे !

72. "छूना है आसमां"

खुद को कर बुलंद
अपनी शक्ति तोल तू !
छूना है आसमान तो ,
अपने पर खोल तू !
ना घबरा मुश्किलों से ,
ना दहशतों से डर !
दिल में रख हिम्मत
हो जाए सामना
वहशतों से अगर !
अगर मगर और डर ,
सब तेरे मन का वहम है !
पानी हो जो मंजिल तो ,
हिम्मत और मेहनत अहम है !
किस्मत बदल सकता है ,
समझे जो कर्म का मोल तू !
छूना है आसमान तो,
अपने पर खोल तू !
खुद को कर बुलंद -
अपनी शक्ति तोल तू !
छूना है आसमान तो,

अपने पर खोल तू !

* * * * * *

वहाँ दूर फ़लक पर
है सितारों वाला जहाँ !
कर ले इरादा पक्का
छूने को आसमां !
किस्मतो के फैंसले
कुछ कुछ होते हैं -
अपने अख्तियार में ,
मेहनत की कलम से
गर लिखे तू दास्तां !
कर ले इरादा पक्का
छूने को आसमां !

73. "कोशिश तो कर"

मुश्किलें कुछ भी नहीं है,
इनसे तू कभी ना डर !
ख्वाब बन जायेंगे हकीकत ,
तू जरा हिम्मत तो कर !
तू जरा कोशिश तो कर !!
सदा चलती हैं कहाँ ,
मुश्किलो वाली आँधियाँ !
जला शमां कर चराग रोशन ,
तू जरा कोशिश तो कर !
उन्मुक्त गगन का तू परिंदा ,
छूने को है आसमान जिंदा !
खोल परों को उड़ान भर ,
तू जरा कोशिश तो कर !
थक मत मत हार तू ,
मन को अपने मत मार तू !
कर संकल्प चल निडर ,
तू जरा कोशिश तो कर !
मुश्किलें कुछ भी नहीं हैं,
इनसे तू कभी ना डर !
ख्वाब बन जायेंगे हकीकत ,

राजीव त्यागी

तू जरा हिम्मत तो कर !
तू जरा कोशिश तो कर !!

74. “संग्राम पथ”

जीवन ये तेरा संग्राम पथ ,
नहीं मानेगा हार ले तू शपथ !
दूर कर बाधा बन निर्बाध तू ,
साधक बन और लक्ष्य साध तू !
निश्चिय कर जीतने की जो ठान ले ,
जीत निश्चित होगी तेरी गर ये मान ले !

75. "सरकारी बाबू"

मुझे भी लग गया है चस्का,
मुफ्त में माल उड़ाने का !
टेबल के नीचे में छुपाके ,
चुपके से माल कमाने का !
मंशा मन में धारे मैं तो जी
इसी ताक में रहता हूँ ,
कब फँसे कोई बकरा अजी
बस इसी फिराक में रहता हूँ !
सरकारी बाबू हूँ उन्हीं जैसी ,
परम्परा निभाना चाहता हूँ !
धूर्त पने और मक्कारी की
चाल दिखाना चाहता हूँ !
क्यूँ ना भरूँ मैं भी अंटी ,
मौका नहीं यह गवाने का !
मुझे भी लग गया है चस्का,
मुफ्त में माल उड़ाने का !
टेबल के नीचे में छुपाके
चुपके से माल कमाने का !
मुझे भी लग गया है चस्का ,
मुफ्त में माल उड़ाने का !

76. “ईमानदारी”

ईमानदारी का ओढ़ लबादा ,
बेईमानी का कर लिया इरादा !
जेब की अठन्नी को करना रुपया,
सीख लिया है मैने भी भैया !
मेरा आधा रहे क्यूँ आधा ,
पूरे से भी हो जाए ज्यादा !
ईमानदारी का ओढ़ लबादा ,
बेईमानी का कर लिया इरादा !

77. "पासा पलट गया"

ताजो तख्त नौकर चाकर ,
खुश था मैं सब पाकर !
धन दौलत अपार था ,
मुझे पैसे से प्यार था !
दरबार में कितने ज्ञानी थे ,
मेरे आगे बेमानी थे !
मैं तो दम्भ में चूर था ,
बस राजा होने का गरूर था !
खोया रहता सुर बाला में ,
डूबा रहता था मधुशाला में !
कंचन कामिनी मेरी रानी थी ,
आँखों में जब तब भरती पानी थी !
होने दो जो होता है ,
मैं रहता अपनी मस्ती में !
पैसा है तो सब है ,
मिलता नहीं कुछ सस्ती में !
सोते सोते सोच रहा था ,
काश कुछ ऐसा होता !
मैं होता राजा कहीं का ,
रात दिन यूँ ही सोता !

तुकबन्दी

पर वो शायद मेरा सपना था ,
कोई नहीं यहाँ अपना था !
इसलिये तो जाते जाते ,
कोई रजाई मेरी उलट गया !
बस यहीं से पासा पलट गया !!

78. "दहेज़"

^ बोलो बेटे! क्या चाहिये ?
टीवी , फ्रिज , मोटरसायकिल
या चाहिये फिर वी सी आर ?
^^ जी नहीं! सर पे आपका हाथ रहे ,
स्नेह भरा सदा साथ रहे !
दीजिये स्टोव और संग मिट्टी का तेल ,
ताकि बरकरार रहे दोनों परिवारों में मेल !
अब तो देके सब पीछा छुड़ा लेंगें आप ,
जब तब माँगूगा फिर कहाँ से देंगें आप ?
नहीं देंगें तब यही तेल आयेगा काम ,
यही तो वक्त पर करेगा आपकी बेटी को तमाम !
और यदि देना ही चाहें तो दीजिये संग में एक कार ,
बना रहेगा स्नेहिल दोनों परिवारों में प्यार !!

79. "अनोखी किस्मत"

मिले महाराज " बेटा !
तेरी किस्मत है बड़ी चोखी
जा तुझे मिलेगी चीज़ एक अनोखी "
" गुरुवर ना फैलाइये यूँ शब्दों के जाल --
कुछ तो बताइए कीजिये मुझे निहाल "
" जा बेटे भगवान को भज ,
होगा तेरा कल्याण " !
खुद ही मिल जाएगा तुझे ,
तेरी शंका का समाधान "!
इन्ही सोचों में डूब चला मैं,
एक बाला से टकराया !
झट से चप्पल पड़ी गाल पे,
दिमाग मेरा चकराया !
खुद से जी नहीं भरा तो ,
उसने शोर मचाया !
मारो साला लड़की छेड़ता है-
पब्लिक से भी पिटवाया !
अंग अंग मेरा सूज गया था ,
सूज गई थी काया !

मिले महाराज -- "हाँ महाराज,
मेरी किस्मत है बड़ी चोखी !
कुछ मिला हो ना मिला हो ,
पर मेरी हालत हो गई है अनोखी " !!

80. “अँधा बाँटे रेवड़ी”

शिवाले का घण्टा नही
जो भगवन को लुभाऊँ !
और ना ही स्कूल की घण्टी हूँ
जो बालक को हर्षाऊँ !
गधा भी नही जो मार दुलत्ती
किसी को मार भागाऊँ !
और घोडा तो हूँ ही नही
जो अगाडी किसी को पाऊँ !
कुए का मैंढ्क भी नही
जो टांग खींचू और खिंचवाऊँ !
अंधा नही हूँ जो रेवडी
अपनो में बटवाऊँ !
ना ही मैं बंदर हूँ
जो मार गुलाटी सब पा जाऊँ !
साधू सा संती नही
जो थोडे में संतोषी कहाऊँ !
छल कपट लम्पट बाजी
बेइमानी और खींचा तानी
ऐसे गुण कहाँ से लाऊँ ?
हे प्रभू जी कुछ ऐसा कीजिये

राजीव त्यागी

जो नेता सा सुख पाऊँ !!
(तो क्या नेता जी बन जाऊँ ..??)

81. "काठ की हाँडी"

आओ काठ की हाँडी में ,
हम खिचड़ी उबालते हैं !
गैरत मेरी भी खत्म हुई ,
अब उनके सामने ....
जो आस्तिन में सांपो को ,
अपने पालते हैं !
आओ काठ की हाँडी में ,
हम खिचड़ी उबालते हैं !
बहुत सहा, बहुत कहा और
बहुत चुप भी रहा ...
और देख लिया अब तक
आँखों से जो आँसू बहा !
राह सूझी ना अब तक कोई ,
हम दिल क्यों सालते हैं ?
जो भक्षण कर सके ऐसे सांपो का --
ऐसे दो चार अजगरों को ,
आओ हम भी पालते हैं !
आओ काठ की हाँडी में ,
हम खिचड़ी उबालते हैं !
आओ काठ की हाँडी में ,

राजीव त्यागी

हम खिचड़ी उबालते हैं !!

www.ingramcontent.com/pod-product-compliance
Lightning Source LLC
La Vergne TN
LVHW091600060526
838200LV00036B/921
* 9 7 8 1 6 4 8 0 5 0 3 9 8 *